AF330834

# DE LA BROCHURE

DU

# DUC D'AUMALE

PARIS

IMPRIMERIE DE L. TINTERLIN ET C<sup>e</sup>

RUE NEUVE-DES-BONS-ENFANTS, 3.

DE

# LA BROCHURE

DU

# DUC D'AUMALE

PARIS

E. DENTU, LIBRAIRE-ÉDITEUR

PALAIS-ROYAL, 13 ET 17, GALERIE D'ORLÉANS

1861

# DE LA BROCHURE

# DU DUC D'AUMALE

Sous le titre : *Lettre sur l'Histoire de France*, on a fait paraî-
tre une brochure de trente et une pages, soi-disant adressée au
prince Napoléon, datée du 15 mars 1861, publiée un mois
après, imprimée à Saint-Germain-en-Laye et annoncée en vente
chez H. Dumineray, libraire-éditeur, et chez les principaux li-
braires de Paris, des départements et de l'étranger.

Elle porte la signature d'*Henri d'Orléans*, c'est-à-dire du
duc d'Aumale. Nous ne voulons point mettre en doute qu'elle
soit de lui ; mais ce prince, en bon constitutionnel, a dû s'en
rapporter, pour la forme comme pour le fond, à un conseil de
ministres *in partibus*. A l'égard de tout autre une telle supposi-
tion serait une injure ; mais ceux qui acceptent la formule : le
roi règne et ne gouverne pas, doivent trouver tout naturel que
les princes signent mais n'écrivent pas.

La brochure a été saisie vingt-quatre heures après sa mise
en vente ; moins sans doute pour en priver le public que par respect pour la loi. Et cette loi qui punit toute excitation faite par
la voie de la presse, à la haine et au mépris du gouvernement,
ce n'est point, on le sait, le gouvernement de l'Empereur qui
l'a faite ; elle date de 1819, et le gouvernement du 7 août 1830
ne s'est pas fait faute de l'appliquer.

Le prince-auteur débute en réclamant pour lui-même la
même liberté de presse qui fut laissée au Prisonnier de Ham.
Mais le duc d'Aumale n'a pas été, que nous sachions, plus em-
pêché de publier ses articles dans la *Revue des deux Mondes*,
que le prince Louis-Napoléon ne le fut d'envoyer les siens au
*Courrier du Pas-de-Calais*. D'autre part, le fils du roi Louis-

Philippe ne doit pas avoir oublié la saisie de la brochure, si modérée pourtant, qu'écrivait M. Armand Laity pour expliquer les événements de Strasbourg du 30 octobre 1836.

Le gouvernement de l'Empereur se fût assurément peu préoccupé d'entraver la circulation d'études politiques, religieuses ou sociales, même injuste, de princes déchus. Mais force lui a bien été de voir dans la brochure en question, moins un travail de penseur et d'homme d'État, qu'un manifeste de parti.

La brochure du duc d'Aumale, est, en effet, tout à la fois, le signal d'une nouvelle campagne des anciens partis et le résumé comme l'approbation de celle qu'ils viennent de finir. Elle émane, ainsi que les *Etudes contemporaines* (publiées chez le même éditeur), d'une sorte de concile occulte. Ceux qui crient le plus haut contre les procédés tyranniques du gouvernement de l'Empereur, devraient se réjouir de sa modération ; car au lieu de faire saisir la brochure du duc d'Aumale comme il avait fait saisir celle de M. Prévost-Paradol, sur les *Anciens partis*, il eût pu aisément en surprendre plus d'un en flagrant délit de conspiration.

Dans un temps où la France a un si grand besoin de concorde pour accomplir régulièrement la haute mission que lui a assignée la Providence, il est pénible de voir des hommes plus soucieux de leurs rancunes de partis que des grands intérêts de la patrie.

Il est vrai qu'ils ne parlent que de libéralisme, mais il est remarquable que ce soit surtout contre les mesures libérales du gouvernement de l'Empereur qu'ils aient cru devoir s'élever.

Le prétexte qui a donné lieu à la brochure du duc d'Aumale, c'est de défendre lui et sa race contre les paroles récemment prononcées au Sénat sur les Bourbons.

Le duc d'Aumale aurait eu d'abord, dit-on, la pensée de provoquer S. A. I. le prince Napoléon en combat singulier, ce qui n'a pas lieu de surprendre de la part de princes qui ne rêvent plus que du bon vieux temps féodal. Mais si le prince Napoléon acceptait aujourd'hui un duel avec le duc d'Aumale, pourquoi l'Empereur Napoléon III en refuserait-il un demain du comte de Chambord ou du comte de Paris ? La France deviendrait ainsi la propriété du vainqueur !

En proposant de semblables plaisanteries, on se donne à bon

marché un brevet de courage, dût-on en faire dresser procès-verbal en bonne et due forme.

Après cela, comment s'étonner qu'on demande d'indiquer quel est ce nouveau droit public dont il est tant parlé. Il est aisé de leur apprendre que c'est la souveraineté nationale au dedans et au dehors, qu'ils n'ont, après juillet ni respectée au dedans ni fait respecter au dehors.

C'est parce que les Napoléons représentent aujourd'hui le nouveau droit public en France et en Europe, que les hommes des anciens partis essaient de se coaliser contre eux. Mais ces attaques ne servent qu'à marquer davantage la distance qui sépare des générations nouvelles les dynasties expulsées.

Selon l'ancienne méthode, M. le Duc proteste d e sa sympathie pour le captif de Sainte-Hélène, qu'il traite même de demi-dieu ; mais ce n'est que pour mieux dénigrer les frères de Napoléon, choisis par lui comme les piliers du nouvel édifice.

Ces frères, assure-t-on, étaient de si mince valeur, qu'il fallut leur retirer successivement les royaumes de Naples, de Hollande et d'Espagne. L'auteur de la *Lettre sur l'Histoire de France* a l'air d'ignorer que, dans la pensée de l'Empereur, les trônes sur lesquels il plaçait les membres de sa famille n'étaient que des trônes temporaires, et que ceux qu'il créait et nommait général, maréchal et roi, ne devaient rester que princes français lorsque les nationalités relevées par eux seraient reconstituées.

Du reste, tout lecteur peut, à la comparaison de la correspondance des rois frères de Napoléon et des rois et princes de la famille des Bourbons, juger de l'exacte mesure des hommes.

Des quatre frères de l'Empereur celui qui est le plus en butte aux attaques de l'auteur, c'est celui qui vient de fermer les yeux. Sur la foi d'historiens falsificateurs, on s'efforce de ternir la carrière militaire du roi Jérôme. Or, le roi Jérôme eut l'éternel honneur d'être à Waterloo quand les vôtres étaient à Gand.

On fait grand bruit d'une dotation que le roi Louis-Philippe aurait accordée au roi Jérôme, si février ne fût pas venu si tôt. Pour les nobles projets toujours le temps lui manqua. Mais si le dernier frère de l'Empereur pouvait, avec fierté, réclamer de celui qui faisait ramener les cendres du héros, sa fortune personnelle illégitimement confisquée en 1815 et constamment déniée à sa famille, que penser de ceux qui se vantent comme d'un bienfait, d'une justice qu'ils n'ont pas même rendue.

M. le Duc n'aurait-il d'ailleurs aucune souvenance de certaine douairière qui, en 1815, au lendemain du 20 mars, faisait de si instantes demandes d'argent à Napoléon. Et certain gendre du gendre d'une célèbre femme de lettres aurait-il oublié les deux millions qu'elle sollicitait du premier empereur, l'assurant en échange de son dévouement le plus absolu : ce que Napoléon rejeta comme un odieux marché.

Quant à la reconnaissance de la famille d'Orléans comme dynastie, tout ce que le roi Jérôme a jamais pu dire, c'est qu'à l'exemple de son neveu Louis-Napoléon, il reconnaîtrait toujours les décisions du suffrage universel.

M. le Duc n'avait garde d'oublier le procès Paterson. Comme s'il y avait un simple particulier qui ne s'indignât à la pensée que son fils mineur pût à l'étranger se marier sans son consentement et sans publication de bans ! Et ce sont les prétendus défenseurs de l'ordre, de la famille et de la société qui ont soutenu sérieusement la régularité d'un tel mariage !

Mais il est un procès qui serait singulièrement populaire si l'on venait à le recommencer. C'est le scandaleux procès de la succession de l'infortuné prince de Condé qui, jugé sous Louis-Philippe par les juges de Louis-Philippe, au profit du fils de Louis-Philippe, attribua à M. le duc d'Aumale plusieurs millions de rente.

On trouve que le prince Napoléon a été fait bien rapidement grand-cordon, sénateur et général. Mais il était tout simple que le duc d'Angoulême fût généralissime de l'expédition d'Espagne, ou que les enfants d'Orléans fussent faits généraux presque au sortir du collège.

On nous dit ne savoir où le prince Napoléon était au 2 décembre. Mais chacun sait que le duc d'Orléans, depuis Louis-Philippe, n'était, pendant les glorieuses journées de juillet, ni auprès du roi Charles X, ni au milieu des insurgés : les vainqueurs le trouvèrent blotti dans une cachette de son jardin de Neuilly.

Le prince Napoléon a pu penser que la guerre contre la Russie eût été plus décisive si elle eût été portée en Pologne plutôt qu'en Crimée; mais le peuple sait qu'il était à l'Alma et ne sait déjà plus à quelle bataille assistèrent le duc d'Aumale et ses frères. Tout ce qu'on se rappelle, c'est qu'en Afrique, le duc d'Aumale donna à Abd-el-Kader vaincu par un autre, sa parole de prince et qu'il la viola.

Au nombre des griefs devaient naturellement venir Magenta et Solférino. Mais ce n'est pas la faute du chef du cinquième corps si les Autrichiens, à son approche, ont évacué l'Italie centrale sans coup férir. Il est douloureux, assurément, d'entendre le canon de la bataille sans pouvoir y prendre part; mais l'arrière-garde souvent ne sert pas moins au triomphe que l'avant-garde. Le prince Napoléon a été heureux d'aller au secours des Italiens : mais au secours de quel peuple les d'Orléans sont-ils jamais allés?

A voir la manière dont M. le Duc parle de l'Italie, on peut juger de ce que le gouvernement des d'Orléans eût fait pour elle. Ce n'est point M. le comte de Cavour qui excite son admiration, mais le ministre du Pape, M. Rossi, qui n'a jamais voulu faire la guerre à l'Autriche, et auquel il prête l'âme et la figure de Dante, ce qui est peu flatteur pour Dante. Il loue l'héroïsme du roi de Naples ; mais lui, son parent, il n'était ni à Naples, pour lui conseiller à temps les réformes, ni à Gaëte pour l'inviter à mourir ensemble. Ce qu'il loue surtout, ce sont les tristes chevaliers de Castelfidardo, qui, par amour rétrospectif pour la Vendée, sont allés en fomenter une en Italie.

Le vrai héros de M. le duc d'Aumale, c'est le général de Lamoricière qu'il tenait à laver du blâme public que lui avait infligé la plume vengeresse d'un conseiller d'État. Celui qui a voulu recommencer Moreau, avait droit aux éloges du fils de ce roi qui mit à Versailles le portrait du traître de 1813. Mais il est douteux que de telles apologies gagnent à M. le Duc beaucoup d'âmes françaises.

Dans la lutte italienne, c'est pour le Pape qu'il prend parti. On le savait déjà. Mais il n'en est pas moins curieux de voir un fils de voltairien renier Voltaire, et le membre d'une famille qui n'a de droits que ceux que lui donna 1830, renier 1830.

Tout le monde a admiré l'accent patriotique avec lequel S. A. I. le prince Napoléon a déchiré à la tribune les traités de 1815. Quant à M. le duc d'Aumale, il trouve qu'on parle trop de 1815 ; et il pense, comme l'historien Thiers, que c'est Napoléon qui fit l'invasion.

M. le Duc vénère trop sans doute les traités de 1815 pour nous souhaiter nos frontières naturelles. Et il est trop bon parent pour aborder la pensée que les provinces belges puissent cesser de faire partie du patrimoine de son beau-frère Léopold.

M. le Duc reproche à S. A. I. le prince Napoléon d'avoir dit que les légitimistes ou orléanistes qui renouvelleraient Quiberon devaient être fusillés. Et il rappelle avec empressement que le roi, son père, n'a point fait fusiller le prince Louis-Napoléon, aujourd'hui Empereur (ce qui, pour le dire en passant, ne dépendait pas uniquement de lui).

Nous demanderons à M. le Duc s'il ne voit pas quelque différence entre des émigrés débarqués par l'étranger et avec l'étranger pour le guider dans l'invasion de la patrie, et un prince dont la dynastie n'avait été renversée que par l'invasion étrangère et qui se bornait, à Boulogne comme à Strasbourg, à en appeler au suffrage universel.

M. le Duc, en parlant des Napoléons, dit qu'en fait de fusillade leur parole est bonne, ce qui est évidemment une allusion à la mort du duc d'Enghien. Or, ce fait a été expliqué par Napoléon en son testament : « J'ai fait arrêter et juger le duc d'Enghien, parce que cela était nécessaire à la sûreté, à l'intérêt et à l'honneur du peuple français, lorsque le comte d'Artois entretenait, de son aveu, soixante assassins à Paris. Dans une semblable circonstance, j'agirais encore de même. »

M. le Duc parle des *Mémoires du Roi Joseph*. Sans doute, alors, il y a lu ce passage d'une lettre du roi Joseph au général Lamarque (New-York, 5 septembre 1830), dans laquelle, rappelant le projet d'assassinat qui menaça la vie de son frère, il dit : « Vous sentez que je ne puis rien espérer d'un Bourbon et que je n'ignore pas que le duc d'Orléans (depuis Louis-Philippe), a été de moitié dans le projet tramé contre mon frère l'Empereur Napoléon, en 1814, peu de mois avant son départ de l'île d'Elbe. »

M. de Montalembert avait écrit que les Anglais n'avaient rien fait dans les Indes de comparable aux cruautés des généraux de

Napoléon. M. le Duc, qui lit probablement l'histoire du même œil que le fameux comte ultramontain, dénonce les ordres sanguinaires de Napoléon à Joseph, parce qu'il lui prescrivait de ne point tolérer de brigands dans son royaume de Naples. Mais les crimes de Ferdinand et de Caroline lui semblent douteux.

Les partisans des d'Orléans ont poussé la passion du dénigrement envers les Napoléons jusqu'à refuser toute qualité à S. A. I. le prince Napoléon. Et déjà tout le monde a vu en lui un grand orateur. Certaines gens lui contestent encore la bravoure, et ils le font avec autant de justesse assurément qu'ils contestaient l'intelligence à son cousin, M. le président de la République.

M. le Duc aime à rappeler que le roi, son père, reçut en 1831 la reine Hortense à l'insu de ses ministres; mais qu'elle n'en fut pas moins expulsée par ceux-ci à l'insu du roi. Le récit de la reine, dans ses *Mémoires*, diffère un peu de celui que nous fait M. le duc. Et il est bien permis de ne pas accepter la vérité de tous les termes de ce dernier récit.

Il glorifie le gouvernement de son père d'avoir replacé la statue de Napoléon sur la colonne : mais le même jour, l'héritier de son nom était proscrit ; d'avoir ramené les cendres du grand homme : mais dans le même temps l'héritier de son nom était en prison.

Ceux qui encensaient Napoléon mort eussent été bien sots s'il se fût relevé vivant de son tombeau. C'est ce qu'on peut voir aujourd'hui à la rage dont ils poursuivent ceux qui marchent dans sa tradition.

On parle toujours des bontés des d'Orléans pour Louis-Napoléon ; on lui refusa même d'aller fermer les yeux de son père.

M. le Duc a voulu nous donner une leçon d'histoire de France. Mais on pourrait y ajouter plus d'une page curieuse ; par exemple : que Gaston d'Orléans était en conspiration continue contre son frère Louis XIII ; que le régent Philippe d'Orléans corrompit la jeunesse de Louis XV ; que le duc d'Orléans, dit *Egalité*, fit périr Louis XVI, et que Louis-Philippe émigra avec Dumouriez, et un peu plus tard écrivait à un certain évêque anglais cette lettre fameuse où il faisait des vœux pour l'invasion de la France ; s'il ne fut pas admis à porter les armes contre nous en Espagne, ce ne fut pas sa faute ; sous la Restauration, il toucha sa part du milliard des émigrés. En 1830, celui que sa femme venait de proclamer le plus honnête homme du royaume, parce qu'au dernier jour de juillet il avait dit : Henri V est votre roi, un instant après il prenait la couronne de son parent, puis un beau jour il enfermait sa mère, madame la duchesse de Berry, dans la citadelle de Blaye, pour l'y faire accoucher publiquement, et enfin il flétrissait ceux qui étaient allés à Belgrave-Square porter leurs hommages au chef de la famille.

On vantait son patriotisme, et il écrivit à Nicolas cette lettre indigne où il traitait de catastrophe la révolution qui lui donnait la couronne. On vantait son habileté, et quand la révolution de février survint, ce fut une surprise.

Le général Lamarque avait dit de la Restauration : c'est une halte dans la boue. Un ministre de Louis-Philippe dit du gouvernement des d'Orléans, c'est le régime de l'abaissement continu. Louis-Philippe consentait à ce que la France ne fût que la première des puissances secondaires ; il trouvait que c'était même ainsi un héritage satisfaisant pour ses enfants.

Le premier regret à peine déguisé de M. le Duc, c'est de n'avoir pas ramené l'armée d'Afrique contre le peuple de Paris. Mais au nom de quel principe ? La garde nationale, qui avait élevé cette famille, venait de l'abandonner. MM. de Joinville et d'Aumale en ont voulu à leurs frères Nemours et Montpensier de leur manque d'initiative le 24 février aux Tuileries. Mais à leur place ils eussent fait de même. Il faut n'avoir pas vu Paris alors pour en douter. L'un de leurs familiers a raconté que le roi et la reine s'en étaient allés, errant près d'une semaine sur le rivage, ne sachant à qui se fier et comment passer le détroit. Et arrivés en Angleterre, cette cour et ces ministres pour qui les d'Orléans avaient eu tant de condescendance, ni ne les reçurent ni ne les visitèrent.

Il sied bien aux Bourbons de parler du respect de la parole. Il n'y a pas de famille où le parjure ait été plus fréquent. Vous en compterez vingt seulement chez trois rois de Naples, et combien chez ceux de France et d'Espagne.

On fait sonner bien haut la parole de Louis-Philippe. Or, lui, qui n'avait reçu la couronne, à l'Hôtel-de-Ville, des mains de Lafayette et du peuple, qu'en vue d'un programme populaire et d'une royauté citoyenne entourée d'institutions républicaines, il niait au 5 juin 1832, qu'il y eût jamais eu un programme de l'Hôtel-de-Ville. Et il fit fusiller les récalcitrants à Transnonain puis à Vaise ni plus ni moins qu'un légitime.

M. le Duc admire le passé de sa race; mais ce passé fût-il mille fois plus glorieux, que cette admiration ne lui servirait de rien. Car il s'agirait de le faire vivre, ce passé. Une royauté comme une noblesse qui n'a qu'un passé et point de vie présente est une royauté morte. Où sont donc vos œuvres vivantes, vos sacrifices : les occasions manquent-elles de se dévouer à de saintes causes, à de grands desseins?

Ils se tiennent à la disposition de la France, disent-ils. Et, entre temps, ils courtisent les puissances du vieux monde. Singulière façon de mériter d'être appelés à diriger de nouveau la première nation de la terre.

Parlant des concessions faites tour à tour par l'Empereur aux uns et aux autres, M. le Duc qualifie sa politique de juste-milieu ressuscité. Il est singulier que le reproche lui en soit adressé par un d'Orléans. Il y a toutefois cette différence entre les deux politiques, que si l'une fut un juste-milieu passif, l'autre est un juste-milieu d'action. La France, en effet, est remontée à son rang, et c'est cela même qui irrite tant la famille déchue; car la France ne peut faire un pas en avant par l'impulsion des Napoléons sans que les d'Orléans ne se sentent baisser au décuple dans l'estime publique, tant ils avaient fait la France petite.

M. le Duc revendique pour le roi son père et pour les ministres de son père, la découverte du principe de non-intervention. Or, M. Casimir Périer disait, en son discours du 18 mars 1831, que l'adoption de ce principe n'impliquait point pour la France la nécessité de le faire respecter par autrui les armes à la main. Aussi, Louis-Philippe laissa-t-il les puissances ennemies écraser l'Italie et la Pologne. L'empereur Napoléon III, au contraire, a aidé l'Italie, et les Polonais sentent qu'*il n'est pas un Louis-Philippe*. L'honneur de Napoléon sera d'être intervenu et de n'avoir pas laissé les autres intervenir, de façon que les peuples fussent aidés à chasser l'étranger et restassent maîtres de leurs destinées.

M. le Duc estime l'empereur Napoléon III fort heureux d'avoir trouvé les fortifications de Paris toutes faites, ce qui rend ses mouvements politiques plus libres. Or, c'est précisément quand elles furent achevées que la politique des d'Orléans devint la plus servile.

Aux yeux de M. le Duc, les libertés accordées par le décret du 24 novembre 1860, eussent été regardées comme une insulte sous la Charte de 1830. Mais il ne désapprouvait pas la loi du 31 mai 1850 qui restreignait le suffrage universel : ce sont ses amis qui l'ont fait voter et qui l'ont maintenue en dépit de M. le Président de la République jusqu'à la veille du 2 décembre.

Les lois de septembre 1835 seraient aujourd'hui, pense-t-il' acceptées comme un bienfait. Or, le cautionnement de la presse était double, et l'on ne pouvait prendre la qualification de républicain sans être passible de plusieurs années de prison. Et c'est là un avertissement précieux qui ne saurait manquer d'augmenter, parmi les républicains, le nombre des recrues orléanistes.

M. le Duc affirme qu'on n'a rendu la parole aux députés que pour qu'ils pussent jouer un rôle dans une sorte de comédie politique. Il est vrai qu'à entendre les déclamations par lesquelles certains députés ont exhumé les défroques du moyen âge, on dirait qu'ils ont compris, comme M. le duc d'Aumale, leurs devoirs de députés.

Ceux qui se plaignaient que les discours fussent raccourcis, se plaignent aujourd'hui qu'ils sont trop longs. Mais leur seul regret, c'est qu'on ne puisse plus comme autrefois falsifier à son gré la sténographie du *Moniteur*. Du moins, maintenant que les discours des députés sont affichés en entier aux mairies, ils ne sauraient se plaindre d'une absence de publicité .

Mais ce qui fait la désolation de M. le Duc, c'est que ce ne soit pas la Chambre qui décide la paix ou la guerre ; non assurément parce qu'il pense que les peuples en seraient plutôt faits libres, mais parce que il espère qu'il sortirait toujours à point nommé d'une cabale parlementaire un obstacle à toute guerre.

— Joignez-y les lamentations sur ce qu'une nation soit assez malheureuse pour se coucher avec la protection et se réveiller dans les bras du libre-échange !

Que veut donc M. le Duc? Un trône pour son neveu. A ce prix, la France serait heureuse et la paix du monde assurée.

Que veulent maintenant les soi-disant libéraux? Un ministère responsable, nommable et renversable par une majorité de députés, élus eux-mêmes par un suffrage restreint; en un mot, la restauration du pays légal que nous avons eu trente-trois ans, qui n'était qu'une espèce d'oligarchie et que l'on décorait du beau nom de gouvernement du pays.

Orléans et orléanistes voudraient ainsi supprimer le second Empire et la seconde République, pour ramener l'ancien régime d'avant 1848, comme leurs aînés avaient supprimé la première République et le premier Empire, pour ramener l'ancien régime d'avant 1789.

Mais le résultat de la première tentative a suffisamment ouvert les yeux du peuple pour que le gouvernement de l'Empereur ait quelque droit de prendre en dédain de semblables rêveries. Il se sent d'ailleurs assez fort de l'appui des masses pour réprimer ces rêveries si jamais elles devenaient dangereuses.

Moins que personne vous avez le droit de répéter ce mot du général Bonaparte au Directoire : Qu'avez-vous fait de la France? Car on a vu ce que vous aviez fait de la France et des peuples. Et l'on voit ce que les peuples et la France sont aujourd'hui.

Mais nous avons le devoir de vous répéter cette réponse du premier Empereur au comte de Provence ( qui fut Louis XVIII) : Vous ne devez pas souhaiter votre retour en France, il vous faudrait marcher sur cent mille cadavres.

20 avril 1861.

FIN

# DE LA NÉCESSITÉ

### D'UN

# NOUVEAU CULTE

## EN FRANCE;

### PAR M.-L. BOUTTEVILLE.

> Jamais État ne fut fondé que la religion ne lui servit de base, et la loi chrétienne est au fond plus nuisible qu'utile à la forte constitution de l'État.　(J.-J. ROUSSEAU, *Contrat social.*)

*Prix :* 60 *centimes.*

## A PARIS,


CHEZ LES MARCHANDS DE NOUVEAUTÉS.

1830.

# DE LA NÉCESSITÉ

## D'UN

# NOUVEAU CULTE

## EN FRANCE.

En observant avec attention les événemens qui viennent de placer subitement la France au premier rang parmi les nations, mille idées ont bouillonné confuses dans ma tête. J'éprouve aujourd'hui l'impérieux besoin d'en laisser au moins échapper quelques unes. En parlant sans détour et avec hardiesse, comme il convient à un homme libre, que l'intérêt n'attache à aucun parti, qu'aucune coterie n'influence, je crois faire une chose qui peut-être ne sera pas tout-à-fait inutile au bonheur, au repos de mes concitoyens.

Rappelons un peu les faits. La France était livrée à toutes les misères, à toutes les inepties d'un règne faible, incertain, chancelant. Rien n'était stable alors; il n'était point d'avenir, nous n'avions point de lendemain. Conduit par une pente molle et insensible jusqu'au bord du précipice, le gouvernement crut pouvoir encore à temps retirer les guides en arrière; mais, toujours plein d'une folle confiance, il prit mal ses mesures, et ne ras-

sembla pas même le peu de forces qui lui restaient. Soudain, le peuple s'élança comme un lion, sur sa proie : en quelques heures elle fut dévorée. — La France devint alors une véritable république ; elle se choisit pour chef LOUIS-PHILIPPE *le Populaire*. Si le duc d'Orléans se montra patriote, comme quelques uns l'assurent, en acceptant avec modestie un trône depuis long-temps objet de ses vœux, il parut à d'autres bien peu philosophe d'abandonner, pour un titre sans pouvoir assez étendu, une indépendance réelle et des jours de bonheur et de sécurité.

Je m'étonne qu'un parti qui va bientôt s'éteindre s'élève encore maintenant contre cette ombre de royauté qui nous reste. Il la menace, et semble ne pas s'apercevoir qu'il ne poursuit qu'un vain fantôme, une chimère, alors même qu'il possède la réalité. — Voulez-vous changer le titre de celui qui représente en France le pouvoir exécutif ? Eh bien ! appelez-le président, empereur ; décorez-le du nom qu'il vous plaira, et dites-moi quelle moindre étendue vous accorderez à son exercice.

Oui, notre édifice politique tout entier fondé sur le principe, mal compris jusqu'ici peut-être, de la *souveraineté du peuple*, constitue une république. L'ami de Washington, Lafayette, ce vétéran de la liberté, l'a proclamé lui-même, à l'heure où la Chambre des Députés vint inviter le duc d'Orléans *à accepter et à jurer les clauses et engagemens énoncés dans sa déclaration, l'observation de la Charte constitutionnelle et des*

*modifications indiquées, et, après l'avoir fait devant les Chambres assemblées, à prendre le titre de Roi des Français.*

Sans doute, si l'expérience de nos pères nous trouve dociles à ses leçons, si les passions fougueuses, et les opinions erronées qu'elles font naître, ne nous aveuglent pas, le temps apportera à notre Constitution les modifications nécessaires à son maintien ; j'en prévois de nombreuses ; j'entrevois de rudes obstacles : un seul doit ici m'occuper.

Un peuple dépravé est fait pour l'esclavage. Appliquer cet axiome à la nation française, c'est mêler sans doute une voix bien discordante à ce concert de pompeux éloges qui lui est adressé de toutes parts, et sous certains points à juste titre. Ma mission, à moi, est de ne flatter personne : assez d'autres se chargent de ce soin. Dire ce que je crois une vérité utile; l'exprimer sans ménagement, si parfois elle est offensante, telle est la tâche que j'adopte.

Qui oserait nier qu'en France toutes les branches sociales se trouvent corrompues ? — Comment en serait-il autrement, quand la morale est anéantie dans son principe, la religion? quand on voit réalisée cette pensée monstrueuse des philosophes du xviii<sup>e</sup> siècle, un peuple d'athées ? — Vous avez vu ce peuple en armes exhaler sa haine et son aveugle fureur contre les personnes et les monumens consacrés au culte religieux; c'est que pour lui il n'est rien de sacré; c'est que la pensée d'un Dieu ne vient jamais frapper son

esprit; c'est qu'il est sans principes, sans foi ni loi. —
Considérez maintenant, parmi les classes plus instruites,
cette tourbe d'intrigans et d'ambitieux, la plupart sans
capacité, faisant la guerre aux places, s'asseyant auda-
cieusement sur les débris d'un pouvoir que d'autres
ont renversé. Ils ont sur les lèvres les grands mots de
*Liberté* et de *Patrie*; ils flattent ainsi le lion populaire,
et demain ils l'enchaîneraient si l'intérêt, leur seul mo-
bile, venait à le leur commander. — C'est que l'existence d'un Dieu, si parfois ils y songent, n'est pour eux
que comme un fait historique assez indifférent; ils ne
la nieront pas en théorie, mais elle demeure sans
influence sur leur conduite.

Ainsi, pour ne parler que de la France, elle est aujourd'hui dans une situation semblable, sous le rapport
des croyances religieuses, à celle où se trouvait le
monde quand Tibère était empereur. Alors aussi la religion n'était qu'un vain mot, le serment était sans garantie, la bonne foi violée, dans les mœurs une horrible
dépravation. — Quels en furent les résultats? Personne
ne les ignore.

La religion chrétienne a vieilli parmi nous comme
toutes les superstitions de la terre; au xviii<sup>e</sup> siècle le
matérialisme l'a remplacée, laissant après lui de funestes
suites; pendant quinze ans, absence de tout culte;
après ce temps, la politique vint en France relever les
autels dans les temples, mais non pas dans les cœurs:
ils furent toujours de plus en plus un objet de dérision,
de mépris et de haine.

Pour le prouver quelques mots vont suffire. Je m'imagine le duc d'Orléans, lorsqu'il lui fallut, devant les Chambres assemblées, prêter le serment exigé pour être roi, s'exprimer en ces termes : Je prends à témoin la très sainte Trinité, le Père, le Fils et le Saint-Esprit; la très sainte Vierge, les saints Apôtres, les Martyrs et tous les Saints, etc..... — Je vois d'ici le rire et le mépris éclater sur tous les visages; je vois le duc d'Orléans chassé honteusement comme un *jésuite*, et déclaré indigne d'être le Roi des Français.

De ce que la religion, ce lien commun entre tous les hommes, est aujourd'hui anéantie, résulte ce malaise indéfinissable qui depuis long-temps tourmente la société et ouvre pour elle l'abîme des révolutions; de là aussi ce froid égoïsme qui nous désunit, qui nous tue.

Il faut le répéter, l'indifférence d'un peuple entier en matière de religion est pire cent fois que le fanatisme, cette exaltation religieuse fruit d'un alliage impur de vérité et de mensonge. Le dernier, s'il marche comme la fureur des tempêtes, tombe aussi bientôt comme elle ; si quelquefois il a bouleversé les empires, il ne les a jamais détruits; souvent même il les a fortifiés, rétablis où créés; partout où il se rencontre, le fanatisme indique un excès de vie et de force; c'est un géant, dont la tête touche au ciel et les pieds aux enfers. En vain il s'efforce d'agrandir les hommes, qu'il trouve petits; en vain il voudrait leur communiquer sa force, parce qu'il les trouve faibles : il s'épuise bientôt

lui-même, et sa brûlante activité le consume. Mais la froide indifférence, monstre qui, d'une main caresse des tombeaux, et qui de l'autre fait lentement distiller dans les cœurs le poison contagieux de l'égoïsme, est bien autrement funeste aux empires; elle glace tout ce qu'elle touche, elle détruit peu à peu tous les principes, tous les liens; et les États tombent en poudre, quand elle a achevé d'en ronger les bases.

Avant moi un homme remarquable, l'abbé de la Mennais, a signalé cet écueil de mort; mais ses efforts pour nous en détourner ne pouvaient que rester inutiles; il était obligé, par état, d'indiquer comme lieu de salut un port que les siècles et les tempêtes ont ruiné entièrement.

Je le dis, parce qu'à cet égard ma conviction est forte : la religion chrétienne, en ce moment, fait peut-être autant de mal au monde, qu'elle lui a jamais fait de bien. C'est que, dans la haine et le mépris qu'on lui porte, on confond avec elle les dogmes essentiels qui lui sont antérieurs, et qui, de tout temps et chez tous les peuples, ont servi de base à la véritable sagesse comme à toutes les superstitions. — Faut-il pour cela incendier ses temples, proscrire ses ministres ? A Dieu ne plaise! Et, dans l'occasion, j'aurais encore le courage d'opposer à la fureur des peuples ses titres incontestables à leur respect, à leur reconnaissance. S'il reste encore parmi nous quelques vestiges de cette religion, il suffit, pour qu'ils soient bientôt effacés, de comprimer avec sagesse l'esprit remuant et ambitieux de ses prê-

tres, dont le nombre, à présent qu'elle n'est plus une voie au pouvoir et à la fortune, va diminuer de jour en jour.

Mais à la place du christianisme, mort aujourd'hui dans tous les cœurs, quel nouveau culte édifier enfin ? C'est une grande question et qui n'occupe encore qu'un petit nombre d'esprits. Il en est beaucoup par malheur qui n'y attachent aucune importance, d'autres la croient tout-à-fait insoluble.

Je conçois difficilement l'indifférence des premiers. — Quoi ! vous verrez un peuple tout entier dévoré par un hideux athéisme, et ce spectacle ne saurait vous émouvoir ! Quels hommes êtes-vous donc ? Avec de tels principes apprenez-moi, s'il se peut, le secret de vivre en honnête homme ; dites-moi qui préservera la vertu, (ce mot vous fait sourire) contre les entreprises du crime ; qui vengera le mérite des bassesses de l'intrigant ? Où sera la garantie du serment ? Où sera celle de nos droits, de notre liberté ? Comment occuperez-vous enfin cet immense surcroît d'existence, ce vide de l'ame qui, s'il n'est satisfait par quelque chose de vague et d'infini comme lui-même, livre le monde à toutes ces inquiétudes indéfinissables, à tous ces désordres dont la cause échappe à l'observateur peu attentif ? — Ah ! j'entends. Pour notre instruction vous nous mettrez entre les mains le catéchisme du matérialiste Volney; vous nous expliquerez peut-être encore les rêveries des Saint-Simoniens. Pauvres gens !

La question que nous proposons n'est pas, d'ailleurs,

aussi difficile à résoudre qu'on le pense généralement. Il suffirait que l'autorité donnât l'exemple; et, j'ose le dire, il n'est pas de superstition que le peuple français n'embrassât avec joie à la place du christianisme. Quelles préventions n'avons-nous pas contre la religion des anciens? Eh bien! malgré l'idée, absurde selon moi, que nous en avons prise, s'il était possible de la rétablir avec tous ses divers attributs, avec ses brillantes cérémonies, avec ses fables poétiques et ses impénétrables mystères, on verrait bientôt, je n'en doute pas, les charmes qui lui sont propres, et surtout celui de la nouveauté, attirer la foule dans ses temples.

Dois-je expliquer ici toute ma pensée? — Où j'ai mal étudié les vestiges, encore nombreux, de la religion des anciens, ou cette religion fut, à mon avis, la plus belle, la plus sage qu'on puisse imaginer. Moins sublime et moins pure, dans ses dogmes et dans sa morale, que le christianisme, elle était, en cela même, plus appropriée à la grossièreté des peuples. Dieu représenté, par elle, en des objets sensibles, sous divers noms, sous divers attributs, se manifestait partout aux yeux et à la pensée des hommes. Les arbres des forêts, la foudre des airs, les astres du ciel, l'immense Océan, les fleuves, les ruisseaux, les fontaines, les animaux muets, tous les détails de la nature, consacrés à la divinité sous quelqu'un de ses attributs, ou divinisés eux-mêmes, parlaient vivement aux mortels du souverain créateur, de sa toute-puissance, de sa bonté, de sa justice, et le rendaient présent à toute heure, en tout lieu. — Mais

ces fêtes de débauche, ces bacchanales, ces mystères d'abomination, comme ceux de la bonne déesse! — Une morale sévère a droit de les blâmer; mais, à mes yeux, ces fêtes elles-mêmes, ces mystères, qui donnaient un champ libre et positif à ce vertige de licence effrénée qui nous saisit parfois et qui veut une issue, prouvent hautement que les législateurs anciens connaissaient mieux les hommes et avaient étudié, mieux que nous, *la science du gouvernement.* — Qu'on se rappelle d'ailleurs les mystères des *Adamites* et d'autres sectes du christianisme; qu'on se rappelle la fête des diacres, celle des fous, celle que nous voyons encore se célébrer en partie de nos jours, le carnaval, on conviendra que la religion chrétienne elle-même, malgré l'austérité de sa morale, a payé tribut à cette espèce de fureur que j'ai désignée comme essentielle à notre nature.

En faisant ainsi l'apologie des anciennes superstitions, serait-ce que leur rétablissement parmi nous né me parût pas chose impossible? — Peut-être! .... Lecteur! je vous en prie, ne déchirez point ces pages; la tâche que je propose est plus facile, je pense, que vous ne l'imaginez.

« L'existence d'un Dieu, l'immortalité de notre âme, et, après cette vie, des récompenses pour la vertu et des châtimens pour le crime, sont des dogmes étayés de la sagesse de tous les temps et de tous les lieux; et, en observant que la sublimité métaphysique de cette doctrine se retrouve dans le cœur de l'homme

sauvage, comme dans celui de l'homme civilisé, on ne peut douter qu'elle n'y ait été gravée par Dieu même en caractères indestructibles. Contre cet assentiment universel, de quel poids sera l'opinion de quelques froids et orgueilleux sophistes, de quelques fous, dont l'étroite cervelle prétend mesurer l'Éternel, et le juger dans son immense ouvrage. En vain, pour colorer leur excès d'audace et de folie d'une ombre de raisonnement, appelleront-ils le génie du mal à l'appui de leurs erreurs. — Digne soutien de leur cause ! — Mais lors même que tu ne saurais assigner aucune origine probable au déluge de maux et de désordres qui inonde la société, dois-tu accuser ton Dieu, lui reprocher ce que tu appelles son impuissance, sa folie et sa cruauté, puis, ne pouvant concilier ces idées avec celles qu'on se forme de la Divinité, déclarer enfin qu'il n'existe pas celui dont tu tiens ta propre existence ! — Homme insensé ! adore bien plutôt la main paternelle qui ne t'écrase pas au moment de ton blasphème ; la main constante qui règle le cours des astres et des saisons, la main bienfaisante qui couvre tes champs d'abondantes récoltes, et qui donne à ton cœur l'amitié, l'amour et l'espérance ; la main prévoyante qui entretient la propagation des êtres par des moyens si cachés et si merveilleux, qui te fait trouver la joie dans les principes de la vie et les douceurs de la paternité. — Si cette main te frappe quelquefois, ne va pas te révolter contre elle ; reconnais seulement ta faiblesse et les bornes de ton intelligence.

« Mais il n'est pas vrai que le problème en question soit tellement enveloppé de ténèbres, que notre entendement ne puisse, de quelque manière, en percer les profondeurs et en découvrir le nœud. J'y vois Dieu lui-même perfectionnant son ouvrage, et le marquant du sceau de sa puissance, en créant pour l'homme des souffrances corporelles, et mettant dans son cœur ces passions turbulentes, sources de ses chagrins et de ses crimes, en même temps qu'elles le sont de ses plaisirs et de ses vertus. — La vertu! voilà ce que nous devons à ce mélange de bien et de mal, et au combat perpétuel qu'ils se livrent : c'est elle que nous pratiquons, lorsque, entre Dieu et notre conscience, nous respectons la femme d'un ami confiant, lorsque nous étouffons les mouvemens d'une injuste ambition, contraires au véritable patriotisme ; c'est elle qui nous fait haïr les tyrans ; c'est elle qui enflamme nos concitoyens de ce courage généreux qui leur fait affronter la mort pour la défense de leur patrie et de la liberté ; c'est elle qui nous rend modérés dans le succès, fermes dans l'adversité : elle nous mérite l'immortalité et le bonheur.

« Supposez maintenant, si vous le pouvez sans horreur, que le néant soit notre unique asile après cette vie de misères et d'épreuves. — Je vois aussitôt un désordre effrayant se glisser dans l'ordre moral, et sa laideur ressortir encore davantage par la beauté constante et la perfection de l'ordre physique. Oh! alors, accusez (et vous le pouvez avec justice), maudissez le Dieu cruel et insensé qui vous créa! reprochez-lui de

se repaître de vos misères, de s'enivrer de vos chagrins! Demandez-lui compte des pleurs que vous avez versés! Redemandez-lui cet ami fidèle que vous ne reverrez jamais; cette épouse tendrement chérie, source autrefois de tant de joies et de consolations; ce fils qui devait soulager et embellir votre vieillesse; cette jeune vierge que la mort enleva à votre amour, et dans laquelle vous espériez le bonheur; ce chien même, dernière consolation qu'il vient de vous ravir. Demandez-lui encore pourquoi il mit dans votre cœur la conscience du juste et de l'injuste, l'enthousiasme de la vertu, et ce dégoût de la terre, et ces élans vers le ciel, et ce désir ardent d'un bonheur immense, et ce vague instinct d'un autre avenir! — Il dédaigne de vous répondre, il sourit de vos gémissemens, il compte vos larmes et vos douleurs, il refuse de les consoler, il en jouit! — Oh! alors, si vos efforts réunis peuvent atteindre jusqu'au trône de ce tyran, arrachez de sa main barbare le tonnerre dont il vous épouvanta tant de fois : le premier usage que vous en devez faire, est de l'en écraser! — Mais tel n'est point le Dieu que nous adorons, etc. »

Choisissez un temple; décorez-le d'objets symboliques qui parlent de Dieu à tous les sens; formez un culte et des cérémonies sacrées, et, si vous êtes de bons pères de famille, de mœurs irréprochables, prêchez-y cette doctrine, cette religion toute de sentiment, et qui convient à tous les hommes; établissez d'abord ces dogmes de croyance que tous les sages,

que toutes les nations ont adoptés ; ensuite laissez faire au temps et à cet esprit de superstition dont les hommes, même les plus instruits et du caractère le plus ferme, ne peuvent toujours se défendre. En général, ils saisiront assez bien le fond de vos idées, ils les adopteront, mais en y ajoutant les leurs propres, qui se trouveront ordinairement plus grossières, et aussi plus appropriées à leur éducation, à leur position sociale. Et puis, laissez venir les poètes.

Je crois qu'une société qui se formerait dans ce but ferait un acte bien généreux, bien patriotique ; elle rapprocherait les hommes en détruisant peu à peu ce dégoûtant égoïsme qui déshonore, en France surtout, l'espèce humaine ; elle nous rendrait peut-être cette gaîté franche et naïve que nous avions en d'autres temps, et que l'irréligion nous a fait perdre. Avec les principes religieux renaîtraient aussi la bonne foi, la confiance, les garanties sociales. Tous les sentimens généreux de l'âme en recevraient bientôt plus de vivacité et d'éclat. On aimerait mieux sa patrie, on la défendrait avec plus de courage, parce que, de jour en jour, les citoyens seraient plus unis entre eux.

J'indique une pensée exprimée à la hâte, laissant à ceux que leur position y engage le soin de la juger, de la corriger, de la mettre en pratique. J'appelle de tous mes vœux l'instant où elle viendrait à se réaliser. Dans son accomplissement, je vois notre régénération sociale, et, pour la France, encore quelques siècles peut-être de bonheur, de puissance et de gloire.

Une invasion nous menace, elle me paraît inévitable : la repousserez-vous ? Oui, d'abord, je le crois ; mais vos victoires elles-mêmes finiront bientôt par vous affaiblir. Si vous n'êtes unis par le lien le plus puissant parmi les hommes, une religion commune, craignez de voir surgir du Nord, comme au déclin de l'empire romain, une foule de peuplades sauvages qui demanderont à régner sur vos climats. Regardez la Pologne, et lisez votre sort! Alors viendraient de longs jours de désolation, puis encore la barbarie et l'ignorance, berceau, obligé peut-être, de toutes les superstitions, de toutes les croyances qui donnent la vie aux nations.

Ces dernières réflexions me rappellent involontairement la strophe qui termine le *Chant du Cosaques* de Béranger, que je cite pour finir :

Tout cet éclat dont l'Europe est si fière,
Tout ce savoir qui ne la défend pas,
S'engloutiront sous les flots de poussière
Qu'autour de moi vont soulever tes pas.
Efface, efface, en ta course nouvelle,
Temples, palais, mœurs, souvenirs et lois,
Hennis d'orgueil, ô mon coursier fidèle,
Et foule aux pieds les peuples et les rois.

DE L'IMPRIMERIE DE CRAPELET,
rue de Vaugirard, n° 9.